TRANZLATY
Sprache ist für alle da
Taal is voor iedereen

Die Schöne und das Biest

Belle en het Beest

Gabrielle-Suzanne Barbot de Villeneuve

Deutsch / Nederlands

Copyright © 2025 Tranzlaty
All rights reserved
Published by Tranzlaty
ISBN: 978-1-80572-006-5
Original text by Gabrielle-Suzanne Barbot de Villeneuve
La Belle et la Bête
First published in French in 1740
Taken from The Blue Fairy Book (Andrew Lang)
Illustration by Walter Crane
www.tranzlaty.com

Es war einmal ein reicher Kaufmann
Er was eens een rijke koopman
dieser reiche Kaufmann hatte sechs Kinder
deze rijke koopman had zes kinderen
Er hatte drei Söhne und drei Töchter
hij had drie zonen en drie dochters
Er hat keine Kosten für ihre Ausbildung gescheut
hij spaarde geen kosten voor hun opleiding
weil er ein vernünftiger Mann war
omdat hij een verstandig man was
aber er gab seinen Kindern viele Diener
maar hij gaf zijn kinderen veel dienaren
seine Töchter waren überaus hübsch
zijn dochters waren buitengewoon mooi
und seine jüngste Tochter war besonders hübsch
en zijn jongste dochter was bijzonder knap
Schon als Kind wurde ihre Schönheit bewundert
als kind werd haar schoonheid al bewonderd
und die Leute nannten sie nach ihrer Schönheit
en de mensen noemden haar vanwege haar schoonheid
Ihre Schönheit verblasste nicht, als sie älter wurde
haar schoonheid vervaagde niet naarmate ze ouder werd
Deshalb nannten die Leute sie weiterhin wegen ihrer Schönheit
dus de mensen bleven haar om haar schoonheid noemen
das machte ihre Schwestern sehr eifersüchtig
dit maakte haar zussen erg jaloers
Die beiden ältesten Töchter waren sehr stolz
de twee oudste dochters waren erg trots
Ihr Reichtum war die Quelle ihres Stolzes
hun rijkdom was de bron van hun trots
und sie verbargen ihren Stolz nicht
en ze verborgen hun trots ook niet
Sie besuchten nicht die Töchter anderer Kaufleute
ze bezochten de dochters van andere kooplieden niet
weil sie nur mit Aristokraten zusammentreffen

omdat ze alleen aristocratie ontmoeten
Sie gingen jeden Tag zu Partys
ze gingen elke dag naar feestjes
Bälle, Theaterstücke, Konzerte usw.
bals, toneelstukken, concerten, enzovoort
und sie lachten über ihre jüngste Schwester
en ze lachten om hun jongste zusje
weil sie die meiste Zeit mit Lesen verbrachte
omdat ze het grootste deel van haar tijd doorbracht met lezen
Es war allgemein bekannt, dass sie reich waren
het was algemeen bekend dat ze rijk waren
so hielten mehrere bedeutende Kaufleute um ihre Hand an
dus vroegen verschillende vooraanstaande kooplieden om hun hand
aber sie sagten, sie würden nicht heiraten
maar ze zeiden dat ze niet zouden trouwen
aber sie waren bereit, einige Ausnahmen zu machen
maar ze waren bereid om enkele uitzonderingen te maken
„Vielleicht könnte ich einen Herzog heiraten"
"misschien kan ik met een hertog trouwen"
„Ich schätze, ich könnte einen Grafen heiraten"
"Ik denk dat ik met een graaf zou kunnen trouwen"
Schönheit dankte sehr höflich denen, die ihr einen Antrag gemacht hatten
schoonheid bedankte heel beleefd degenen die haar een aanzoek deden
Sie sagte ihnen, sie sei noch zu jung zum Heiraten
Ze vertelde hen dat ze nog te jong was om te trouwen
Sie wollte noch ein paar Jahre bei ihrem Vater bleiben
ze wilde nog een paar jaar bij haar vader blijven
Auf einmal verlor der Kaufmann sein Vermögen
Opeens verloor de koopman zijn fortuin
er verlor alles außer einem kleinen Landhaus
hij verloor alles behalve een klein landhuis
und er sagte seinen Kindern mit Tränen in den Augen:
en hij vertelde zijn kinderen met tranen in zijn ogen:

„Wir müssen aufs Land gehen"
"we moeten naar het platteland"
„und wir müssen für unseren Lebensunterhalt arbeiten"
"en wij moeten werken voor ons levensonderhoud"
die beiden ältesten Töchter wollten die Stadt nicht verlassen
de twee oudste dochters wilden de stad niet verlaten
Sie hatten mehrere Liebhaber in der Stadt
ze hadden meerdere geliefden in de stad
und sie waren sicher, dass einer ihrer Liebhaber sie heiraten würde
en ze waren er zeker van dat een van hun geliefden met hen zou trouwen
Sie dachten, ihre Liebhaber würden sie heiraten, auch wenn sie kein Vermögen hätten
ze dachten dat hun geliefden met hen zouden trouwen, zelfs als ze geen fortuin hadden
aber die guten Damen haben sich geirrt
maar de goede dames hadden het mis
Ihre Liebhaber verließen sie sehr schnell
hun geliefden verlieten hen heel snel
weil sie kein Vermögen mehr hatten
omdat ze geen fortuin meer hadden
das zeigte, dass sie nicht wirklich beliebt waren
dit toonde aan dat ze niet echt geliefd waren
alle sagten, sie verdienen kein Mitleid
Iedereen zei dat ze het niet verdienden om medelijden te krijgen
„Wir sind froh, dass ihr Stolz gedemütigt wurde"
"We zijn blij dat hun trots is geschaad"
„Lasst sie stolz darauf sein, Kühe zu melken"
"Laat ze trots zijn op het melken van koeien"
aber sie waren um Schönheit besorgt
maar ze waren bezorgd om schoonheid
sie war so ein süßes Geschöpf
ze was zo'n lief wezentje
Sie sprach so freundlich zu armen Leuten

ze sprak zo vriendelijk tot arme mensen
und sie war von solch unschuldiger Natur
en ze was van zo'n onschuldig karakter
Mehrere Herren hätten sie geheiratet
Meerdere heren zouden met haar getrouwd zijn
Sie hätten sie geheiratet, obwohl sie arm war
ze zouden met haar getrouwd zijn, ook al was ze arm
aber sie sagte ihnen, sie könne sie nicht heiraten
maar ze vertelde hen dat ze niet met hen kon trouwen
weil sie ihren Vater nicht verlassen wollte
omdat ze haar vader niet wilde verlaten
sie war entschlossen, mit ihm aufs Land zu fahren
ze was vastbesloten om met hem mee te gaan naar het platteland
damit sie ihn trösten und ihm helfen konnte
zodat ze hem kon troosten en helpen
Die arme Schönheit war zunächst sehr betrübt
De arme schoonheid was in het begin erg bedroefd
sie war betrübt über den Verlust ihres Vermögens
ze was bedroefd door het verlies van haar fortuin
„Aber Weinen wird mein Schicksal nicht ändern"
"maar huilen zal mijn lot niet veranderen"
„Ich muss versuchen, ohne Reichtum glücklich zu sein"
"Ik moet proberen mezelf gelukkig te maken zonder rijkdom"
Sie kamen zu ihrem Landhaus
ze kwamen naar hun landhuis
und der Kaufmann und seine drei Söhne widmeten sich der Landwirtschaft
en de koopman en zijn drie zonen legden zich toe op de landbouw
Schönheit stand um vier Uhr morgens auf
schoonheid steeg om vier uur 's ochtends
und sie beeilte sich, das Haus zu putzen
en ze haastte zich om het huis schoon te maken
und sie sorgte dafür, dass das Abendessen fertig war
en ze zorgde ervoor dat het avondeten klaar was

ihr neues Leben fiel ihr zunächst sehr schwer
in het begin vond ze haar nieuwe leven erg moeilijk
weil sie diese Arbeit nicht gewohnt war
omdat ze niet gewend was aan dergelijk werk
aber in weniger als zwei Monaten wurde sie stärker
maar in minder dan twee maanden werd ze sterker
und sie war gesünder als je zuvor
en ze was gezonder dan ooit tevoren
nachdem sie ihre arbeit erledigt hatte, las sie
nadat ze haar werk had gedaan, las ze
sie spielte Cembalo
ze speelde op het klavecimbel
oder sie sang, während sie Seide spann
of ze zong terwijl ze zijde spon
im Gegenteil, ihre beiden Schwestern wussten nicht, wie sie ihre Zeit verbringen sollten
integendeel, haar twee zussen wisten niet hoe ze hun tijd moesten besteden
Sie standen um zehn auf und taten den ganzen Tag nichts anderes als herumzufaulenzen
ze stonden om tien uur op en deden de hele dag niets anders dan luieren
Sie beklagten den Verlust ihrer schönen Kleider
ze betreurden het verlies van hun mooie kleren
und sie beklagten sich über den Verlust ihrer Bekannten
en ze klaagden over het verlies van hun kennissen
„Schau dir unsere jüngste Schwester an", sagten sie zueinander
"Kijk eens naar onze jongste zus," zeiden ze tegen elkaar
„Was für ein armes und dummes Geschöpf sie ist"
"wat een arm en dom wezen is ze"
„Es ist gemein, mit so wenig zufrieden zu sein"
"het is gemeen om tevreden te zijn met zo weinig"
der freundliche Kaufmann war ganz anderer Meinung
de vriendelijke koopman was van een heel andere mening
er wusste sehr wohl, dass Schönheit ihre Schwestern

übertraf
hij wist heel goed dat schoonheid haar zussen overschaduwde
Sie übertraf sie sowohl charakterlich als auch geistig
ze overtrof hen in karakter en geest
er bewunderte ihre Bescheidenheit und ihre harte Arbeit
hij bewonderde haar nederigheid en haar harde werk
aber am meisten bewunderte er ihre Geduld
maar bovenal bewonderde hij haar geduld
Ihre Schwestern überließen ihr die ganze Arbeit
haar zussen lieten haar al het werk doen
und sie beleidigten sie ständig
en ze beledigden haar elk moment
Die Familie hatte etwa ein Jahr lang so gelebt
Het gezin leefde ongeveer een jaar zo
dann bekam der Kaufmann einen Brief von einem Buchhalter
toen kreeg de handelaar een brief van een accountant
er hatte in ein Schiff investiert
hij had een investering in een schip
und das Schiff war sicher angekommen
en het schip was veilig aangekomen
diese Nachricht ließ die beiden ältesten Töchter staunen
Dit nieuws deed de hoofden van de twee oudste dochters omdraaien
Sie hatten sofort die Hoffnung, in die Stadt zurückzukehren
ze hadden meteen hoop om terug te keren naar de stad
weil sie des Landlebens überdrüssig waren
omdat ze het plattelandsleven behoorlijk beu waren
Sie gingen zu ihrem Vater, als er ging
ze gingen naar hun vader toen hij vertrok
Sie baten ihn, ihnen neue Kleider zu kaufen
ze smeekten hem om nieuwe kleren voor hen te kopen
Kleider, Bänder und allerlei Kleinigkeiten
jurken, linten en allerlei kleine dingen
aber die Schönheit verlangte nichts
maar schoonheid vroeg niets

weil sie dachte, das Geld würde nicht reichen
omdat ze dacht dat het geld niet genoeg zou zijn
es würde nicht reichen, um alles zu kaufen, was ihre Schwestern wollten
er zou niet genoeg zijn om alles te kopen wat haar zussen wilden
„Was möchtest du, Schönheit?", fragte ihr Vater
"Wat wil je, schoonheid?" vroeg haar vader
"**Danke, Vater, dass du so nett bist, an mich zu denken", sagte sie**
"Dank u, vader, voor de goedheid om aan mij te denken," zei ze
„Vater, sei so freundlich und bring mir eine Rose mit"
"Vader, wees zo vriendelijk om mij een roos te brengen"
„weil hier im Garten keine Rosen wachsen"
"omdat hier in de tuin geen rozen groeien"
„und Rosen sind eine Art Rarität"
"en rozen zijn een soort zeldzaamheid"
Schönheit mochte Rosen nicht wirklich
schoonheid gaf niet echt om rozen
sie bat nur um etwas, um ihre Schwestern nicht zu verurteilen
ze vroeg alleen om iets om haar zussen niet te veroordelen
aber ihre Schwestern dachten, sie hätte aus anderen Gründen nach Rosen gefragt
maar haar zussen dachten dat ze om andere redenen om rozen had gevraagd
„Sie hat es nur getan, um besonders auszusehen"
"Ze deed het alleen maar om er bijzonder uit te zien"
Der freundliche Mann machte sich auf die Reise
De vriendelijke man ging op reis
aber als er ankam, stritten sie über die Ware
maar toen hij aankwam, kregen ze ruzie over de koopwaar
und nach viel Ärger kam er genauso arm zurück wie zuvor
en na veel moeite kwam hij terug, even arm als voorheen
er war nur ein paar Stunden von seinem eigenen Haus

entfernt
hij was binnen een paar uur bij zijn eigen huis
und er stellte sich schon die Freude vor, seine Kinder zu sehen
en hij stelde zich al de vreugde voor om zijn kinderen te zien
aber als er durch den Wald ging, verirrte er sich
maar toen hij door het bos liep, raakte hij verdwaald
es hat furchtbar geregnet und geschneit
het regende en sneeuwde verschrikkelijk
der Wind war so stark, dass er ihn vom Pferd warf
de wind was zo sterk dat hij van zijn paard werd geslingerd
und die Nacht kam schnell
en de nacht kwam snel
er begann zu glauben, er müsse verhungern
hij begon te denken dat hij zou kunnen verhongeren
und er dachte, er könnte erfrieren
en hij dacht dat hij dood zou vriezen
und er dachte, Wölfe könnten ihn fressen
en hij dacht dat wolven hem zouden opeten
die Wölfe, die er um sich herum heulen hörte
de wolven die hij om zich heen hoorde huilen
aber plötzlich sah er ein Licht
maar plotseling zag hij een licht
er sah das Licht in der Ferne durch die Bäume
hij zag het licht op afstand door de bomen
als er näher kam, sah er, dass das Licht ein Palast war
toen hij dichterbij kwam zag hij dat het licht een paleis was
der Palast war von oben bis unten beleuchtet
het paleis was van boven tot onder verlicht
Der Kaufmann dankte Gott für sein Glück
de koopman dankte God voor zijn geluk
und er eilte zum Palast
en hij haastte zich naar het paleis
aber er war überrascht, keine Leute im Palast zu sehen
maar hij was verrast dat er geen mensen in het paleis waren
der Hof war völlig leer

de binnenplaats was helemaal leeg
und nirgendwo ein Lebenszeichen
en er was nergens een teken van leven
sein Pferd folgte ihm in den Palast
zijn paard volgde hem het paleis in
und dann fand sein Pferd großen Stall
en toen vond zijn paard een grote stal
das arme Tier war fast verhungert
het arme dier was bijna uitgehongerd
also ging sein Pferd hinein, um Heu und Hafer zu finden
dus zijn paard ging op zoek naar hooi en haver
zum Glück fand er reichlich zu essen
gelukkig vond hij genoeg te eten
und der Kaufmann band sein Pferd an die Krippe
en de koopman bond zijn paard vast aan de kribbe
Als er zum Haus ging, sah er niemanden
toen hij naar het huis liep, zag hij niemand
aber in einer großen Halle fand er ein gutes Feuer
maar in een grote hal vond hij een goed vuur
und er fand einen Tisch für eine Person gedeckt
en hij vond een tafel gedekt voor één
er war nass vom Regen und Schnee
hij was nat van de regen en sneeuw
Also ging er zum Feuer, um sich abzutrocknen
dus ging hij naar het vuur om zichzelf te drogen
„Ich hoffe, der Hausherr entschuldigt mich"
"Ik hoop dat de heer des huizes mij wil verontschuldigen"
„Ich schätze, es wird nicht lange dauern, bis jemand auftaucht."
"Ik denk dat het niet lang zal duren voordat er iemand verschijnt"
Er wartete eine beträchtliche Zeit
Hij wachtte een aanzienlijke tijd
er wartete, bis es elf schlug, und noch immer kam niemand
hij wachtte tot het elf uur was, en nog steeds kwam er niemand

Schließlich war er so hungrig, dass er nicht länger warten konnte
uiteindelijk had hij zo'n honger dat hij niet langer kon wachten
er nahm ein Hühnchen und aß es in zwei Bissen
hij nam wat kip en at het in twee happen op
er zitterte beim Essen
hij beefde terwijl hij het eten at
danach trank er ein paar Gläser Wein
daarna dronk hij een paar glazen wijn
Er wurde mutiger und verließ den Saal
steeds moediger wordend ging hij de hal uit
und er durchquerte mehrere große Hallen
en hij liep door verschillende grote hallen
Er ging durch den Palast, bis er in eine Kammer kam
hij liep door het paleis totdat hij in een kamer kwam
eine Kammer, in der sich ein überaus gutes Bett befand
een kamer waarin een buitengewoon goed bed stond
er war von der Tortur sehr erschöpft
hij was erg vermoeid van zijn beproeving
und es war schon nach Mitternacht
en het was al middernacht
also beschloss er, dass es das Beste sei, die Tür zu schließen
dus besloot hij dat het het beste was om de deur te sluiten
und er beschloss, dass er zu Bett gehen sollte
en hij besloot dat hij naar bed moest gaan
Es war zehn Uhr morgens, als der Kaufmann aufwachte
Het was tien uur 's ochtends toen de koopman wakker werd
gerade als er aufstehen wollte, sah er etwas
net toen hij op het punt stond op te staan zag hij iets
er war erstaunt, saubere Kleidung zu sehen
hij was verbaasd een schone set kleren te zien
an der Stelle, wo er seine schmutzigen Kleider zurückgelassen hatte
op de plaats waar hij zijn vuile kleren had achtergelaten
"Mit Sicherheit gehört dieser Palast einer netten Fee"
"Dit paleis is zeker van een soort fee"

„eine Fee, die mich gesehen und bemitleidet hat"
" een fee die mij zag en medelijden met mij had"
er sah durch ein Fenster
hij keek door een raam
aber statt Schnee sah er den herrlichsten Garten
maar in plaats van sneeuw zag hij de meest verrukkelijke tuin
und im Garten waren die schönsten Rosen
en in de tuin stonden de mooiste rozen
dann kehrte er in die große Halle zurück
hij keerde toen terug naar de grote hal
der Saal, in dem er am Abend zuvor Suppe gegessen hatte
de hal waar hij de avond ervoor soep had gegeten
und er fand etwas Schokolade auf einem kleinen Tisch
en hij vond wat chocolade op een tafeltje
„Danke, liebe Frau Fee", sagte er laut
"Dank u wel, goede mevrouw Fee," zei hij hardop
„Danke für Ihre Fürsorge"
"bedankt dat je zo zorgzaam bent"
„Ich bin Ihnen für all Ihre Gefälligkeiten äußerst dankbar"
"Ik ben u zeer erkentelijk voor al uw gunsten"
Der freundliche Mann trank seine Schokolade
de vriendelijke man dronk zijn chocolade
und dann ging er sein Pferd suchen
en toen ging hij op zoek naar zijn paard
aber im Garten erinnerte er sich an die Bitte der Schönheit
maar in de tuin herinnerde hij zich het verzoek van de schoonheid
und er schnitt einen Rosenzweig ab
en hij sneed een tak rozen af
sofort hörte er ein lautes Geräusch
onmiddellijk hoorde hij een groot lawaai
und er sah ein furchtbar furchtbares Tier
en hij zag een vreselijk angstaanjagend beest
er war so erschrocken, dass er kurz davor war, ohnmächtig zu werden
hij was zo bang dat hij bijna flauwviel

„Du bist sehr undankbar", sagte das Tier zu ihm
"Je bent erg ondankbaar," zei het beest tegen hem
und das Tier sprach mit schrecklicher Stimme
en het beest sprak met een vreselijke stem
„Ich habe dein Leben gerettet, indem ich dich in mein Schloss gelassen habe"
"Ik heb je leven gered door je in mijn kasteel toe te laten"
"und dafür stiehlst du mir im Gegenzug meine Rosen?"
"En daarvoor steel jij mijn rozen?"
„Die Rosen sind für mich mehr wert als alles andere"
"De rozen die ik boven alles waardeer"
„Aber du wirst für das, was du getan hast, sterben"
"maar je zult sterven voor wat je hebt gedaan"
„Ich gebe Ihnen nur eine Viertelstunde, um sich vorzubereiten"
"Ik geef je maar een kwartier om je voor te bereiden"
„Bereiten Sie sich auf den Tod vor und sprechen Sie Ihre Gebete"
"maak je klaar voor de dood en bid"
der Kaufmann fiel auf die Knie
de koopman viel op zijn knieën
und er hob beide Hände
en hij hief beide handen op
„Mein Herr, ich flehe Sie an, mir zu vergeben"
"Mijn heer, ik smeek u mij te vergeven"
„Ich hatte nicht die Absicht, Sie zu beleidigen"
"Ik had niet de bedoeling je te beledigen"
„Ich habe für eine meiner Töchter eine Rose gepflückt"
"Ik plukte een roos voor een van mijn dochters"
„Sie bat mich, ihr eine Rose mitzubringen"
"Ze vroeg me om haar een roos te brengen"
„Ich bin nicht euer Herr, sondern ein Tier", antwortete das Monster
"Ik ben niet uw heer, maar ik ben een beest," antwoordde het monster
„Ich mag keine Komplimente"

"Ik hou niet van complimenten"
„Ich mag Menschen, die so sprechen, wie sie denken"
"Ik hou van mensen die spreken zoals ze denken"
„glauben Sie nicht, dass ich durch Schmeicheleien bewegt werden kann"
"denk niet dat ik ontroerd kan worden door vleierij"
„Aber Sie sagen, Sie haben Töchter"
"Maar je zegt dat je dochters hebt"
„Ich werde dir unter einer Bedingung vergeben"
"Ik zal je vergeven op één voorwaarde"
„Eine deiner Töchter muss freiwillig in meinen Palast kommen"
"Een van uw dochters moet vrijwillig naar mijn paleis komen"
"und sie muss für dich leiden"
"en zij moet voor jou lijden"
„Gib mir Dein Wort"
"Laat mij uw woord hebben"
„Und dann können Sie Ihren Geschäften nachgehen"
"en dan kun je je gang gaan"
„Versprich mir das:"
"Beloof me dit:"
„Wenn Ihre Tochter sich weigert, für Sie zu sterben, müssen Sie innerhalb von drei Monaten zurückkehren"
"Als uw dochter weigert voor u te sterven, moet u binnen drie maanden terugkeren"
der Kaufmann hatte nicht die Absicht, seine Töchter zu opfern
de koopman had niet de intentie om zijn dochters te offeren
aber da ihm Zeit gegeben wurde, wollte er seine Töchter noch einmal sehen
maar omdat hij de tijd had gekregen, wilde hij zijn dochters nog een keer zien
also versprach er, dass er zurückkehren würde
dus beloofde hij dat hij terug zou komen
und das Tier sagte ihm, er könne aufbrechen, wann er wolle
en het beest vertelde hem dat hij mocht vertrekken wanneer

hij wilde
und das Tier erzählte ihm noch etwas
en het beest vertelde hem nog één ding
„Du sollst nicht mit leeren Händen gehen"
"Je zult niet met lege handen vertrekken"
„Geh zurück in das Zimmer, in dem du lagst"
"Ga terug naar de kamer waar je ligt"
„Sie werden eine große leere Schatzkiste sehen"
"je zult een grote lege schatkist zien"
„Fülle die Schatzkiste mit allem, was Dir am besten gefällt"
"vul de schatkist met wat je het leukst vindt"
„und ich werde die Schatzkiste zu Dir nach Hause schicken"
"en ik zal de schatkist naar je huis sturen"
und gleichzeitig zog sich das Tier zurück
en tegelijkertijd trok het beest zich terug
„Nun", sagte sich der gute Mann
"Nou," zei de goede man tegen zichzelf
„Wenn ich sterben muss, werde ich meinen Kindern wenigstens etwas hinterlassen"
"Als ik moet sterven, laat ik tenminste iets na aan mijn kinderen"
so kehrte er ins Schlafzimmer zurück
dus keerde hij terug naar de slaapkamer
und er fand sehr viele Goldstücke
en hij vond een groot aantal goudstukken
er füllte die Schatzkiste, die das Tier erwähnt hatte
hij vulde de schatkist waar het beest het over had
und er holte sein Pferd aus dem Stall
en hij haalde zijn paard uit de stal
die Freude, die er beim Betreten des Palastes empfand, war nun genauso groß wie die Trauer, die er beim Verlassen des Palastes empfand
de vreugde die hij voelde toen hij het paleis binnenkwam, was nu gelijk aan het verdriet dat hij voelde toen hij het verliet
Das Pferd nahm einen der Wege im Wald
het paard nam een van de wegen van het bos

und in wenigen Stunden war der gute Mann zu Hause
en binnen een paar uur was de goede man thuis
seine Kinder kamen zu ihm
zijn kinderen kwamen naar hem toe
aber anstatt ihre Umarmungen mit Freude entgegenzunehmen, sah er sie an
maar in plaats van hun omhelzingen met genoegen te ontvangen, keek hij naar hen
er hielt den Ast hoch, den er in den Händen hielt
hij hield de tak omhoog die hij in zijn handen had
und dann brach er in Tränen aus
en toen barstte hij in tranen uit
„Schönheit", sagte er, „nimm bitte diese Rosen"
"Schoonheid", zei hij, "neem alsjeblieft deze rozen"
„Sie können nicht wissen, wie teuer diese Rosen waren"
"Je kunt niet weten hoe kostbaar deze rozen zijn geweest"
„Diese Rosen haben deinen Vater das Leben gekostet"
"Deze rozen hebben je vader het leven gekost"
und dann erzählte er von seinem tödlichen Abenteuer
en toen vertelde hij over zijn noodlottige avontuur
Sofort schrien die beiden ältesten Schwestern
onmiddellijk riepen de twee oudste zussen
und sie sagten viele gemeine Dinge zu ihrer schönen Schwester
en ze zeiden veel gemene dingen tegen hun mooie zus
aber die Schönheit weinte überhaupt nicht
maar schoonheid huilde helemaal niet
„Seht euch den Stolz dieses kleinen Schurken an", sagten sie
"Kijk eens naar de trots van dat kleine schurkje," zeiden ze
„Sie hat nicht nach schönen Kleidern gefragt"
"Ze vroeg niet om mooie kleren"
„Sie hätte tun sollen, was wir getan haben"
"Ze had moeten doen wat wij deden"
„Sie wollte sich hervortun"
"Ze wilde zich onderscheiden"

„so wird sie nun den Tod unseres Vaters bedeuten"
"dus nu zal zij de dood van onze vader zijn"
„und doch vergießt sie keine Träne"
"en toch laat ze geen traan"
"Warum sollte ich weinen?", antwortete die Schönheit
"Waarom zou ik huilen?" antwoordde de schoonheid
„Weinen wäre völlig unnötig"
"huilen zou heel erg overbodig zijn"
„Mein Vater wird nicht für mich leiden"
"mijn vader zal niet voor mij lijden"
„Das Monster wird eine seiner Töchter akzeptieren"
"het monster zal een van zijn dochters accepteren"
„Ich werde mich seiner ganzen Wut aussetzen"
"Ik zal mij overgeven aan al zijn woede"
„Ich bin sehr glücklich, denn mein Tod wird das Leben meines Vaters retten"
"Ik ben heel blij, want mijn dood zal het leven van mijn vader redden"
„Mein Tod wird ein Beweis meiner Liebe sein"
"Mijn dood zal een bewijs zijn van mijn liefde"
„Nein, Schwester", sagten ihre drei Brüder
"Nee, zus," zeiden haar drie broers
„das darf nicht sein"
"dat zal niet zijn"
„Wir werden das Monster finden"
"We gaan het monster zoeken"
"und entweder wir werden ihn töten..."
"en of we zullen hem doden..."
„... oder wir werden bei dem Versuch umkommen"
"...of we zullen bij de poging ten onder gaan"
„Stellt euch nichts dergleichen vor, meine Söhne", sagte der Kaufmann
"Stel je zoiets niet voor, mijn zonen," zei de koopman
„Die Kraft des Biests ist so groß, dass ich keine Hoffnung habe, dass Ihr es besiegen könntet."
"de kracht van het beest is zo groot dat ik geen hoop heb dat je

hem kunt overwinnen"
„Ich bin entzückt von dem freundlichen und großzügigen Angebot der Schönheit"
"Ik ben betoverd door het vriendelijke en genereuze aanbod van schoonheid"
„aber ich kann ihre Großzügigkeit nicht annehmen"
"maar ik kan haar vrijgevigheid niet accepteren"
„Ich bin alt und habe nicht mehr lange zu leben"
"Ik ben oud en ik heb niet lang meer te leven"
„also kann ich nur ein paar Jahre verlieren"
"dus ik kan maar een paar jaar verliezen"
„Zeit, die ich für euch bereue, meine lieben Kinder"
"tijd die ik voor jullie betreur, mijn lieve kinderen"
„Aber Vater", sagte die Schönheit
"Maar vader," zei de schoonheid
„Du sollst nicht ohne mich in den Palast gehen"
"Je zult niet zonder mij naar het paleis gaan"
„Du kannst mich nicht davon abhalten, dir zu folgen"
"Je kunt me niet tegenhouden om je te volgen"
nichts könnte Schönheit vom Gegenteil überzeugen
niets kon schoonheid anders overtuigen
Sie bestand darauf, in den schönen Palast zu gehen
Ze stond erop om naar het mooie paleis te gaan
und ihre Schwestern waren erfreut über ihre Beharrlichkeit
en haar zussen waren verheugd over haar aandringen
Der Kaufmann war besorgt bei dem Gedanken, seine Tochter zu verlieren
De koopman maakte zich zorgen bij de gedachte zijn dochter te verliezen
er war so besorgt, dass er die Truhe voller Gold vergessen hatte
hij was zo bezorgd dat hij de kist vol goud was vergeten
Abends begab er sich zur Ruhe und schloss die Tür seines Zimmers.
's Nachts ging hij slapen en deed de deur van zijn kamer dicht
Dann fand er zu seinem großen Erstaunen den Schatz neben

seinem Bett.
toen vond hij tot zijn grote verbazing de schat naast zijn bed
er war entschlossen, es seinen Kindern nicht zu erzählen
hij was vastbesloten om het zijn kinderen niet te vertellen
Wenn sie es gewusst hätten, wären sie in die Stadt zurückgekehrt
als ze het hadden geweten, hadden ze terug naar de stad gewild
und er war entschlossen, das Land nicht zu verlassen
en hij was vastbesloten het platteland niet te verlaten
aber er vertraute der Schönheit das Geheimnis
maar hij vertrouwde schoonheid het geheim toe
Sie teilte ihm mit, dass zwei Herren gekommen seien
Ze vertelde hem dat er twee heren waren gekomen
und sie machten ihren Schwestern einen Heiratsantrag
en ze deden voorstellen aan haar zussen
Sie bat ihren Vater, ihrer Heirat zuzustimmen
Ze smeekte haar vader om toestemming te geven voor hun huwelijk
und sie bat ihn, ihnen etwas von seinem Vermögen zu geben
en ze vroeg hem om hen een deel van zijn fortuin te geven
sie hatte ihnen bereits vergeben
ze had hen al vergeven
Die bösen Kreaturen rieben ihre Augen mit Zwiebeln
de boze wezens wreven hun ogen uit met uien
um beim Abschied von der Schwester ein paar Tränen zu vergießen
om wat tranen te forceren toen ze afscheid namen van hun zus
aber ihre Brüder waren wirklich besorgt
maar haar broers waren echt bezorgd
Schönheit war die einzige, die keine Tränen vergoss
schoonheid was de enige die geen tranen vergoot
sie wollte ihr Unbehagen nicht vergrößern
ze wilde hun ongemak niet vergroten
Das Pferd nahm den direkten Weg zum Palast

het paard nam de directe weg naar het paleis
und gegen Abend sahen sie den erleuchteten Palast
en tegen de avond zagen ze het verlichte paleis
das Pferd begab sich wieder in den Stall
het paard ging weer de stal in
und der gute Mann und seine Tochter gingen in die große Halle
en de goede man en zijn dochter gingen de grote hal binnen
hier fanden sie einen herrlich gedeckten Tisch
hier vonden ze een prachtig gedekte tafel
der Kaufmann hatte keinen Appetit zu essen
de koopman had geen trek in eten
aber die Schönheit bemühte sich, fröhlich zu erscheinen
maar schoonheid probeerde vrolijk te lijken
sie setzte sich an den Tisch und half ihrem Vater
Ze ging aan tafel zitten en hielp haar vader
aber sie dachte auch bei sich:
maar ze dacht ook bij zichzelf:
„Das Biest will mich sicher mästen, bevor es mich frisst"
"Het beest wil me zeker eerst vetmesten voordat hij me opeet"
„deshalb sorgt er für so viel Unterhaltung"
"daarom zorgt hij voor zoveel vermaak"
Nachdem sie gegessen hatten, hörten sie ein großes Geräusch
nadat ze gegeten hadden hoorden ze een groot lawaai
und der Kaufmann verabschiedete sich mit Tränen in den Augen von seinem unglücklichen Kind
en de koopman nam afscheid van zijn ongelukkige kind, met tranen in zijn ogen
weil er wusste, dass das Biest kommen würde
omdat hij wist dat het beest zou komen
Die Schönheit war entsetzt über seine schreckliche Gestalt
schoonheid was doodsbang voor zijn afschuwelijke vorm
aber sie nahm ihren Mut zusammen, so gut sie konnte
maar ze verzamelde moed zo goed als ze kon
und das Monster fragte sie, ob sie freiwillig mitkäme

en het monster vroeg haar of ze vrijwillig kwam
"ja, ich bin freiwillig gekommen", sagte sie zitternd
"Ja, ik ben vrijwillig gekomen," zei ze bevend
Das Tier antwortete: „Du bist sehr gut"
Het beest antwoordde: "Je bent heel goed"
„und ich bin Ihnen zu großem Dank verpflichtet, ehrlicher Mann"
"en ik ben u zeer verplicht; eerlijk man"
„Geht morgen früh eure Wege"
"ga morgenvroeg je weg"
„aber denk nie daran, wieder hierher zu kommen"
"maar denk er nooit meer aan om hierheen te komen"
„Lebe wohl, Schönheit, lebe wohl, Biest", antwortete er
"Vaarwel schoonheid, vaarwel beest," antwoordde hij
und sofort zog sich das Monster zurück
en onmiddellijk trok het monster zich terug
"Oh, Tochter", sagte der Kaufmann
"Oh, dochter," zei de koopman
und er umarmte seine Tochter noch einmal
en hij omhelsde zijn dochter nogmaals
„Ich habe fast Todesangst"
"Ik ben bijna doodsbang"
„glauben Sie mir, Sie sollten lieber zurückgehen"
"Geloof me, je kunt beter teruggaan"
„Lass mich hier bleiben, statt dir"
"Laat mij hier blijven, in plaats van jij"
„Nein, Vater", sagte die Schönheit entschlossen
"Nee, vader," zei de schoonheid op een vastberaden toon
„Du sollst morgen früh aufbrechen"
"morgenvroeg vertrek je"
„überlasse mich der Obhut und dem Schutz der Vorsehung"
"Laat mij over aan de zorg en bescherming van de voorzienigheid"
trotzdem gingen sie zu Bett
toch gingen ze naar bed
Sie dachten, sie würden die ganze Nacht kein Auge zutun

ze dachten dat ze hun ogen de hele nacht niet zouden sluiten
aber als sie sich hinlegten, schliefen sie ein
maar zodra ze gingen liggen, sliepen ze
Die Schönheit träumte, eine schöne Dame kam und sagte zu ihr:
schoonheid droomde dat een mooie dame naar haar toe kwam en tegen haar zei:
„Ich bin zufrieden, Schönheit, mit deinem guten Willen"
"Ik ben tevreden, schoonheid, met jouw goede wil"
„Diese gute Tat von Ihnen wird nicht unbelohnt bleiben"
"Deze goede daad van u zal niet onbeloond blijven"
Die Schöne erwachte und erzählte ihrem Vater ihren Traum
schoonheid werd wakker en vertelde haar vader haar droom
der Traum tröstete ihn ein wenig
de droom hielp hem een beetje troost te bieden
aber er konnte nicht anders, als bitterlich zu weinen, als er ging
maar hij kon het niet helpen bitter te huilen toen hij vertrok
Sobald er weg war, setzte sich Schönheit in die große Halle und weinte ebenfalls
Zodra hij weg was, ging de schoonheid in de grote hal zitten en huilde ook
aber sie beschloss, sich keine Sorgen zu machen
maar ze besloot zich niet ongerust te maken
Sie beschloss, in der kurzen Zeit, die ihr noch zu leben blieb, stark zu sein
ze besloot sterk te zijn voor de korte tijd die ze nog had om te leven
weil sie fest davon überzeugt war, dass das Biest sie fressen würde
omdat ze er vast van overtuigd was dat het beest haar zou opeten
Sie dachte jedoch, sie könnte genauso gut den Palast erkunden
ze dacht echter dat ze net zo goed het paleis kon verkennen
und sie wollte das schöne Schloss besichtigen

en ze wilde het mooie kasteel bekijken
ein Schloss, das sie bewundern musste
een kasteel dat ze niet kon laten te bewonderen
Es war ein wunderbar angenehmer Palast
het was een heerlijk aangenaam paleis
und sie war äußerst überrascht, als sie eine Tür sah
en ze was zeer verrast toen ze een deur zag
und über der Tür stand, dass es ihr Zimmer sei
en boven de deur stond geschreven dat het haar kamer was
sie öffnete hastig die Tür
ze deed haastig de deur open
und sie war ganz geblendet von der Pracht des Raumes
en ze was volkomen verblind door de pracht van de kamer
was ihre Aufmerksamkeit vor allem auf sich zog, war eine große Bibliothek
wat haar aandacht vooral in beslag nam was een grote bibliotheek
ein Cembalo und mehrere Notenbücher
een klavecimbel en verschillende muziekboeken
„Nun", sagte sie zu sich selbst
"Nou," zei ze tegen zichzelf
„Ich sehe, das Biest wird meine Zeit nicht verstreichen lassen"
"Ik zie dat het beest mijn tijd niet zwaar zal laten duren"
dann dachte sie über ihre Situation nach
toen dacht ze na over haar situatie
„Wenn ich einen Tag bleiben sollte, wäre das alles nicht hier"
"Als ik een dag had moeten blijven, zou dit hier allemaal niet zijn"
diese Überlegung gab ihr neuen Mut
Deze overweging gaf haar nieuwe moed
und sie nahm ein Buch aus ihrer neuen Bibliothek
en ze pakte een boek uit haar nieuwe bibliotheek
und sie las diese Worte in goldenen Buchstaben:
en ze las deze woorden in gouden letters:

„Begrüße Schönheit, vertreibe die Angst"
"Welkom schoonheid, verban angst"
„Du bist hier Königin und Herrin"
"Jij bent hier koningin en meesteres"
„Sprich deine Wünsche aus, sprich deinen Willen aus"
"Spreek uw wensen uit, spreek uw wil uit"
„Schneller Gehorsam begegnet hier Ihren Wünschen"
"Hier voldoet snelle gehoorzaamheid aan uw wensen"
"Ach", sagte sie mit einem Seufzer
"Helaas," zei ze met een zucht
„Am meisten wünsche ich mir, meinen armen Vater zu sehen"
"Het allerliefst wil ik mijn arme vader zien"
„und ich würde gerne wissen, was er tut"
"en ik zou graag willen weten wat hij doet"
Kaum hatte sie das gesagt, bemerkte sie den Spiegel
Zodra ze dit had gezegd, zag ze de spiegel
zu ihrem großen Erstaunen sah sie ihr eigenes Zuhause im Spiegel
tot haar grote verbazing zag ze haar eigen huis in de spiegel
Ihr Vater kam emotional erschöpft an
haar vader kwam emotioneel uitgeput aan
Ihre Schwestern gingen ihm entgegen
haar zussen gingen hem tegemoet
trotz ihrer Versuche, traurig zu wirken, war ihre Freude sichtbar
ondanks hun pogingen om er verdrietig uit te zien, was hun vreugde zichtbaar
einen Moment später war alles verschwunden
een moment later was alles verdwenen
und auch die Befürchtungen der Schönheit verschwanden
en de angst voor schoonheid verdween ook
denn sie wusste, dass sie dem Tier vertrauen konnte
want ze wist dat ze het beest kon vertrouwen
Mittags fand sie das Abendessen fertig
's Middags vond ze het avondeten klaar

sie setzte sich an den Tisch
ze ging aan tafel zitten
und sie wurde mit einem Musikkonzert unterhalten
en ze werd vermaakt met een muziekconcert
obwohl sie niemanden sehen konnte
hoewel ze niemand kon zien
abends setzte sie sich wieder zum Abendessen
's avonds ging ze weer aan tafel voor het avondeten
diesmal hörte sie das Geräusch, das das Tier machte
deze keer hoorde ze het geluid dat het beest maakte
und sie konnte nicht anders, als Angst zu haben
en ze kon het niet helpen dat ze doodsbang was
"Schönheit", sagte das Monster
"schoonheid," zei het monster
"erlaubst du mir, mit dir zu essen?"
"Mag ik met je mee eten?"
"Mach, was du willst", antwortete die Schönheit zitternd
"Doe wat je wilt," antwoordde de schoonheid bevend
„Nein", antwortete das Tier
"Nee," antwoordde het beest
„Du allein bist hier die Herrin"
"jij bent hier alleen meesteres"
„Sie können mich wegschicken, wenn ich Ärger mache"
"Je kunt me wegsturen als ik lastig ben"
„schick mich fort, und ich werde mich sofort zurückziehen"
"stuur mij weg en ik zal mij onmiddellijk terugtrekken"
„Aber sagen Sie mir: Finden Sie mich nicht sehr hässlich?"
"Maar vertel eens, vind je mij niet heel lelijk?"
„Das stimmt", sagte die Schönheit
"Dat is waar", zei de schoonheid
„Ich kann nicht lügen"
"Ik kan niet liegen"
„aber ich glaube, Sie sind sehr gutmütig"
"maar ik geloof dat je een heel goed karakter hebt"
„Das bin ich tatsächlich", sagte das Monster
"Dat ben ik inderdaad," zei het monster

„Aber abgesehen von meiner Hässlichkeit habe ich auch keinen Verstand"
"Maar afgezien van mijn lelijkheid heb ik ook geen verstand"
„Ich weiß sehr wohl, dass ich ein dummes Wesen bin"
"Ik weet heel goed dat ik een dwaas wezen ben"
„Es ist kein Zeichen von Torheit, so zu denken", antwortete die Schönheit
"Het is geen teken van dwaasheid om dat te denken," antwoordde de schoonheid
„Dann iss, Schönheit", sagte das Monster
"Eet dan, schoonheid," zei het monster
„Versuchen Sie, sich in Ihrem Palast zu amüsieren"
"probeer jezelf te vermaken in je paleis"
"alles hier gehört dir"
"alles hier is van jou"
„Und ich wäre sehr unruhig, wenn Sie nicht glücklich wären"
"en ik zou me erg ongemakkelijk voelen als je niet gelukkig was"
„Sie sind sehr zuvorkommend", antwortete die Schönheit
"Je bent erg behulpzaam," antwoordde de schoonheid
„Ich gebe zu, ich freue mich über Ihre Freundlichkeit"
"Ik geef toe dat ik blij ben met uw vriendelijkheid"
„Und wenn ich über deine Freundlichkeit nachdenke, fallen mir deine Missbildungen kaum auf"
"en als ik uw vriendelijkheid overweeg, merk ik uw misvormingen nauwelijks op"
„Ja, ja", sagte das Tier, „mein Herz ist gut
"Ja, ja," zei het beest, "mijn hart is goed
„Aber obwohl ich gut bin, bin ich immer noch ein Monster"
"maar hoewel ik goed ben, ben ik nog steeds een monster"
„Es gibt viele Männer, die diesen Namen mehr verdienen als Sie."
"Er zijn veel mannen die die naam meer verdienen dan jij"
„und ich bevorzuge dich, so wie du bist"
"en ik geef de voorkeur aan jou zoals je bent"

„und ich ziehe dich denen vor, die ein undankbares Herz verbergen"
"en ik geef de voorkeur aan jou boven hen die een ondankbaar hart verbergen"
"Wenn ich nur etwas Verstand hätte", antwortete das Biest
"Als ik maar een beetje verstand had," antwoordde het beest
„Wenn ich vernünftig wäre, würde ich Ihnen als Dank ein schönes Kompliment machen"
"Als ik verstand had, zou ik je een mooi compliment geven om je te bedanken"
"aber ich bin so langweilig"
"maar ik ben zo saai"
„Ich kann nur sagen, dass ich Ihnen zu großem Dank verpflichtet bin"
"Ik kan alleen maar zeggen dat ik u zeer verplicht ben"
Schönheit aß ein herzhaftes Abendessen
schoonheid at een stevig avondmaal
und sie hatte ihre Angst vor dem Monster fast überwunden
en ze had haar angst voor het monster bijna overwonnen
aber sie wollte ohnmächtig werden, als das Biest ihr die nächste Frage stellte
maar ze wilde flauwvallen toen het beest haar de volgende vraag stelde
"Schönheit, willst du meine Frau werden?"
"Schoonheid, wil jij mijn vrouw worden?"
es dauerte eine Weile, bis sie antworten konnte
het duurde even voordat ze kon antwoorden
weil sie Angst hatte, ihn wütend zu machen
omdat ze bang was hem boos te maken
Schließlich sagte sie jedoch "nein, Biest"
uiteindelijk zei ze echter: "nee, beest"
sofort zischte das arme Monster ganz fürchterlich
onmiddellijk siste het arme monster heel angstaanjagend
und der ganze Palast hallte
en het hele paleis echode
aber die Schönheit erholte sich bald von ihrem Schrecken

maar de schoonheid herstelde zich al snel van haar angst
denn das Tier sprach wieder mit trauriger Stimme
omdat het beest opnieuw met een treurige stem sprak
„Dann leb wohl, Schönheit"
"dan vaarwel, schoonheid"
und er drehte sich nur ab und zu um
en hij keerde zich slechts af en toe om
um sie anzusehen, als er hinausging
om naar haar te kijken toen hij naar buiten ging
jetzt war die Schönheit wieder allein
nu was schoonheid weer alleen
Sie empfand großes Mitgefühl
ze voelde veel medeleven
„Ach, es ist tausendmal schade"
"Helaas, het is duizendmaal jammer"
„Etwas, das so gutmütig ist, sollte nicht so hässlich sein"
"Alles wat zo goedaardig is, zou niet zo lelijk moeten zijn"
Schönheit verbrachte drei Monate sehr zufrieden im Palast
schoonheid bracht drie maanden zeer tevreden door in het paleis
jeden Abend stattete ihr das Biest einen Besuch ab
elke avond kwam het beest haar bezoeken
und sie redeten beim Abendessen
en ze spraken tijdens het avondeten
Sie sprachen mit gesundem Menschenverstand
ze spraken met gezond verstand
aber sie sprachen nicht mit dem, was man als geistreich bezeichnet
maar ze spraken niet met wat mensen geestigheid noemen
Schönheit entdeckte immer einen wertvollen Charakter im Biest
schoonheid ontdekte altijd een waardevol karakter in het beest
und sie hatte sich an seine Missbildung gewöhnt
en ze was gewend geraakt aan zijn misvorming
sie fürchtete sich nicht mehr vor seinem Besuch
Ze vreesde de tijd van zijn bezoek niet meer

jetzt schaute sie oft auf die Uhr
nu keek ze vaak op haar horloge
und sie konnte es kaum erwarten, bis es neun Uhr war
en ze kon niet wachten tot het negen uur was
denn das Tier kam immer zu dieser Stunde
omdat het beest nooit naliet om op dat uur te komen
Es gab nur eine Sache, die Schönheit betraf
er was maar één ding dat met schoonheid te maken had
jeden Abend, bevor sie ins Bett ging, stellte ihr das Biest die gleiche Frage
elke avond voordat ze naar bed ging, stelde het beest haar dezelfde vraag
Das Monster fragte sie, ob sie seine Frau werden wolle
het monster vroeg haar of ze zijn vrouw wilde worden
Eines Tages sagte sie zu ihm: „Biest, du machst mir große Sorgen."
Op een dag zei ze tegen hem: "Beest, je maakt me erg ongerust"
„Ich wünschte, ich könnte einwilligen, dich zu heiraten"
"Ik wou dat ik met je kon trouwen"
„Aber ich bin zu aufrichtig, um dir zu glauben zu machen, dass ich dich heiraten würde"
"maar ik ben te oprecht om je te laten geloven dat ik met je zou trouwen"
„Unsere Ehe wird nie stattfinden"
"Ons huwelijk zal nooit plaatsvinden"
„Ich werde dich immer als Freund sehen"
"Ik zal je altijd als een vriend zien"
„Bitte versuchen Sie, damit zufrieden zu sein"
"probeer hier maar tevreden mee te zijn"
„Damit muss ich zufrieden sein", sagte das Tier
"Ik moet hier tevreden mee zijn," zei het beest
„Ich kenne mein eigenes Unglück"
"Ik ken mijn eigen ongeluk"
„aber ich liebe dich mit der zärtlichsten Zuneigung"
"maar ik hou van je met de tederste genegenheid"

„Ich sollte mich jedoch als glücklich betrachten"
"Ik moet mezelf echter als gelukkig beschouwen"
"**und ich würde mich freuen, wenn du hier bleibst**"
"en ik zou blij zijn dat je hier blijft"
„**versprich mir, mich nie zu verlassen**"
"beloof me dat je me nooit zult verlaten"
Schönheit errötete bei diesen Worten
schoonheid bloosde bij deze woorden
Eines Tages schaute die Schönheit in ihren Spiegel
op een dag keek de schoonheid in haar spiegel
ihr Vater hatte sich schreckliche Sorgen um sie gemacht
haar vader had zich ziekelijk zorgen om haar gemaakt
sie sehnte sich mehr denn je danach, ihn wiederzusehen
ze verlangde er meer dan ooit naar om hem weer te zien
„**Ich könnte versprechen, dich nie ganz zu verlassen**"
"Ik zou kunnen beloven dat ik je nooit helemaal zal verlaten"
„**aber ich habe so ein großes Verlangen, meinen Vater zu sehen**"
"maar ik heb zo'n groot verlangen om mijn vader te zien"
„**Ich wäre unendlich verärgert, wenn Sie nein sagen würden**"
"Ik zou ontzettend boos zijn als je nee zou zeggen"
"**Ich würde lieber selbst sterben**", **sagte das Monster**
"Ik zou liever zelf sterven," zei het monster
„**Ich würde lieber sterben, als dir Unbehagen zu bereiten**"
"Ik zou liever sterven dan dat ik je een ongemakkelijk gevoel geef"
„**Ich werde dich zu deinem Vater schicken**"
"Ik zal je naar je vader sturen"
„**Du sollst bei ihm bleiben**"
"jij zult bij hem blijven"
"**und dieses unglückliche Tier wird stattdessen vor Kummer sterben**"
"en dit ongelukkige beest zal in plaats daarvan sterven van verdriet"
"**Nein**", **sagte die Schönheit weinend**

"Nee," zei de schoonheid, huilend
„Ich liebe dich zu sehr, um die Ursache deines Todes zu sein"
"Ik hou te veel van je om de oorzaak van je dood te zijn"
„Ich verspreche Ihnen, in einer Woche wiederzukommen"
"Ik beloof je dat ik over een week terugkom"
„Du hast mir gezeigt, dass meine Schwestern verheiratet sind"
"Je hebt mij laten zien dat mijn zussen getrouwd zijn"
„und meine Brüder sind zur Armee gegangen"
"en mijn broers zijn naar het leger gegaan"
"Lass mich eine Woche bei meinem Vater bleiben, da er allein ist"
"Laat mij een week bij mijn vader blijven, want hij is alleen"
"Morgen früh wirst du dort sein", sagte das Tier
"Je zult er morgenvroeg zijn," zei het beest
„Aber denk an dein Versprechen"
"maar denk aan uw belofte"
„Sie brauchen Ihren Ring nur auf den Tisch zu legen, bevor Sie zu Bett gehen."
"Je hoeft je ring alleen maar op tafel te leggen voordat je naar bed gaat"
"Und dann werdet ihr vor dem Morgen zurückgebracht"
"en dan word je voor de ochtend teruggebracht"
„Lebe wohl, liebe Schönheit", seufzte das Tier
"Vaarwel lieve schoonheid," zuchtte het beest
Die Schönheit ging an diesem Abend sehr traurig ins Bett
schoonheid ging die nacht heel verdrietig naar bed
weil sie das Tier nicht so besorgt sehen wollte
omdat ze het beest niet zo bezorgd wilde zien
am nächsten Morgen fand sie sich im Haus ihres Vaters wieder
de volgende ochtend bevond ze zich bij haar vader thuis
sie läutete eine kleine Glocke neben ihrem Bett
Ze luidde een belletje naast haar bed
und das Dienstmädchen stieß einen lauten Schrei aus

en het meisje gaf een luide gil
und ihr Vater rannte nach oben
en haar vader rende naar boven
er dachte, er würde vor Freude sterben
hij dacht dat hij met vreugde zou sterven
er hielt sie eine Viertelstunde lang in seinen Armen
hij hield haar een kwartier lang in zijn armen
irgendwann waren die ersten Grüße vorbei
uiteindelijk waren de eerste begroetingen voorbij
Schönheit begann daran zu denken, aus dem Bett zu steigen
schoonheid begon eraan te denken om uit bed te komen
aber sie merkte, dass sie keine Kleidung mitgebracht hatte
maar ze realiseerde zich dat ze geen kleren had meegenomen
aber das Dienstmädchen sagte ihr, sie habe eine Kiste gefunden
maar de meid vertelde haar dat ze een doos had gevonden
der große Koffer war voller Kleider und Kleider
de grote koffer zat vol met jurken en jurken
jedes Kleid war mit Gold und Diamanten bedeckt
elke jurk was bedekt met goud en diamanten
Schönheit dankte dem Tier für seine freundliche Pflege
schoonheid bedankte beest voor zijn vriendelijke zorg
und sie nahm eines der schlichtesten Kleider
en ze nam een van de meest eenvoudige jurken
Die anderen Kleider wollte sie ihren Schwestern schenken
Ze was van plan de andere jurken aan haar zussen te geven
aber bei diesem Gedanken verschwand die Kleidertruhe
maar bij die gedachte verdween de klerenkast
Das Biest hatte darauf bestanden, dass die Kleidung nur für sie sei
het beest had volgehouden dat de kleren alleen voor haar waren
ihr Vater sagte ihr, dass dies der Fall sei
haar vader vertelde haar dat dit het geval was
und sofort kam die Kleidertruhe wieder zurück
en onmiddellijk kwam de koffer met kleren weer terug

Schönheit kleidete sich mit ihren neuen Kleidern
schoonheid kleedde zichzelf met haar nieuwe kleren
und in der Zwischenzeit gingen die Mägde los, um ihre Schwestern zu finden
en intussen gingen de meiden op zoek naar haar zusters
Ihre beiden Schwestern waren mit ihren Ehemännern
haar beide zussen waren bij hun echtgenoten
aber ihre beiden Schwestern waren sehr unglücklich
maar haar beide zussen waren erg ongelukkig
Ihre älteste Schwester hatte einen sehr gutaussehenden Herrn geheiratet
haar oudste zus was getrouwd met een zeer knappe heer
aber er war so selbstgefällig, dass er seine Frau vernachlässigte
maar hij was zo dol op zichzelf dat hij zijn vrouw verwaarloosde
Ihre zweite Schwester hatte einen geistreichen Mann geheiratet
haar tweede zus was getrouwd met een geestige man
aber er nutzte seinen Witz, um die Leute zu quälen
maar hij gebruikte zijn gevatheid om mensen te kwellen
und am meisten quälte er seine Frau
en hij kwelde zijn vrouw het meest van allemaal
Die Schwestern der Schönheit sahen sie wie eine Prinzessin gekleidet
De zussen van de schoonheid zagen haar gekleed als een prinses
und sie waren krank vor Neid
en ze waren ziek van jaloezie
jetzt war sie schöner als je zuvor
nu was ze mooier dan ooit
ihr liebevolles Verhalten konnte ihre Eifersucht nicht unterdrücken
haar liefdevolle gedrag kon hun jaloezie niet onderdrukken
Sie erzählte ihnen, wie glücklich sie mit dem Tier war
ze vertelde hen hoe blij ze was met het beest

und ihre Eifersucht war kurz vor dem Platzen
en hun jaloezie stond op het punt te barsten
Sie gingen in den Garten, um über ihr Unglück zu weinen
Ze gingen naar de tuin om te huilen over hun ongeluk
„Inwiefern ist dieses kleine Geschöpf besser als wir?"
"Waarin is dit kleine wezentje beter dan wij?"
„Warum sollte sie so viel glücklicher sein?"
"Waarom zou ze zoveel gelukkiger moeten zijn?"
„Schwester", sagte die ältere Schwester
"Zusje," zei de oudere zus
„Mir ist gerade ein Gedanke gekommen"
"Een gedachte schoot me te binnen"
„Versuchen wir, sie länger als eine Woche hier zu behalten"
"Laten we proberen haar hier langer dan een week te houden"
„Vielleicht macht das das dumme Monster wütend"
"misschien maakt dit het dwaze monster woedend"
„weil sie ihr Wort gebrochen hätte"
"omdat ze haar woord zou hebben gebroken"
"und dann könnte er sie verschlingen"
"en dan zou hij haar kunnen verslinden"
"Das ist eine tolle Idee", antwortete die andere Schwester
"Dat is een geweldig idee," antwoordde de andere zuster
„Wir müssen ihr so viel Freundlichkeit wie möglich entgegenbringen"
"we moeten haar zoveel mogelijk vriendelijkheid tonen"
Die Schwestern fassten den Entschluss
de zussen maakten dit hun voornemen
und sie verhielten sich sehr liebevoll gegenüber ihrer Schwester
en ze gedroegen zich heel liefdevol tegenover hun zusje
Die arme Schönheit weinte vor Freude über all ihre Freundlichkeit
arme schoonheid huilde van vreugde vanwege al hun vriendelijkheid
Als die Woche um war, weinten sie und rauften sich die Haare

toen de week voorbij was, huilden ze en trokken ze hun haar uit
es schien ihnen so leid zu tun, sich von ihr zu trennen
ze leken zo verdrietig om afscheid van haar te nemen
und die Schönheit versprach, noch eine Woche länger zu bleiben
en schoonheid beloofde nog een week langer te blijven
In der Zwischenzeit konnte die Schönheit nicht umhin, über sich selbst nachzudenken
Ondertussen kon de schoonheid het niet laten om over zichzelf na te denken
sie machte sich Sorgen darüber, was sie dem armen Tier antat
Ze maakte zich zorgen over wat ze het arme beest aandeed
Sie wusste, dass sie ihn aufrichtig liebte
ze weet dat ze oprecht van hem houdt
und sie sehnte sich wirklich danach, ihn wiederzusehen
en ze verlangde er echt naar om hem weer te zien
Auch die zehnte Nacht verbrachte sie bei ihrem Vater
de tiende nacht bracht ze ook bij haar vader door
sie träumte, sie sei im Schlossgarten
ze droomde dat ze in de paleistuin was
und sie träumte, sie sähe das Tier ausgestreckt im Gras liegen
en ze droomde dat ze het beest uitgestrekt op het gras zag liggen
er schien ihr mit sterbender Stimme Vorwürfe zu machen
hij leek haar met een stervende stem te verwijten
und er warf ihr Undankbarkeit vor
en hij beschuldigde haar van ondankbaarheid
Schönheit erwachte aus ihrem Schlaf
schoonheid ontwaakte uit haar slaap
und sie brach in Tränen aus
en ze barstte in tranen uit
„Bin ich nicht sehr böse?"
"Ben ik niet heel slecht?"

„War es nicht grausam von mir, so unfreundlich gegenüber dem Tier zu sein?"
"Was het niet wreed van mij om zo onvriendelijk tegen het beest te handelen?"
„Das Biest hat alles getan, um mir zu gefallen"
"beest deed alles om mij te plezieren"
"Ist es seine Schuld, dass er so hässlich ist?"
"Is het zijn schuld dat hij zo lelijk is?"
„Ist es seine Schuld, dass er so wenig Verstand hat?"
"Is het zijn schuld dat hij zo weinig verstand heeft?"
„Er ist freundlich und gut, und das genügt"
"Hij is aardig en goed, en dat is voldoende"
„Warum habe ich mich geweigert, ihn zu heiraten?"
"Waarom heb ik geweigerd met hem te trouwen?"
„Ich sollte mit dem Monster glücklich sein"
"Ik zou blij moeten zijn met het monster"
„Schau dir die Männer meiner Schwestern an"
"Kijk naar de echtgenoten van mijn zussen"
„Weder Witz noch Schönheit machen sie gut"
"noch gevatheid, noch knapheid maakt hen goed"
„Keiner ihrer Ehemänner macht sie glücklich"
"geen van hun echtgenoten maakt hen gelukkig"
„sondern Tugend, Sanftmut und Geduld"
"maar deugd, zachtmoedigheid en geduld"
„Diese Dinge machen eine Frau glücklich"
"Deze dingen maken een vrouw gelukkig"
„und das Tier hat all diese wertvollen Eigenschaften"
"en het beest heeft al deze waardevolle kwaliteiten"
„es ist wahr, ich empfinde keine Zärtlichkeit und Zuneigung für ihn"
"Het is waar; ik voel geen tedere genegenheid voor hem"
„aber ich empfinde für ihn die allergrößte Dankbarkeit"
"maar ik vind dat ik hem de grootste dankbaarheid voel"
„und ich habe die höchste Wertschätzung für ihn"
"en ik heb de hoogste achting voor hem"
"und er ist mein bester Freund"

"en hij is mijn beste vriend"
„Ich werde ihn nicht unglücklich machen"
"Ik zal hem niet ongelukkig maken"
„Wenn ich so undankbar wäre, würde ich mir das nie verzeihen"
"Als ik zo ondankbaar zou zijn, zou ik mezelf nooit vergeven"
Schönheit legte ihren Ring auf den Tisch
schoonheid legde haar ring op tafel
und sie ging wieder zu Bett
en ze ging weer naar bed
kaum war sie im Bett, da schlief sie ein
nauwelijks was ze in bed voordat ze in slaap viel
Sie wachte am nächsten Morgen wieder auf
de volgende ochtend werd ze weer wakker
und sie war überglücklich, sich im Palast des Tieres wiederzufinden
en ze was dolblij dat ze zichzelf in het paleis van het beest bevond
Sie zog eines ihrer schönsten Kleider an, um ihm zu gefallen
Ze trok een van haar mooiste jurken aan om hem te plezieren
und sie wartete geduldig auf den Abend
en ze wachtte geduldig op de avond
kam die ersehnte Stunde
kwam het gewenste uur
die Uhr schlug neun, doch kein Tier erschien
de klok sloeg negen, maar er verscheen geen enkel beest
Schönheit befürchtete dann, sie sei die Ursache seines Todes gewesen
schoonheid vreesde toen dat zij de oorzaak van zijn dood was
Sie rannte weinend durch den ganzen Palast
Ze rende huilend door het hele paleis
nachdem sie ihn überall gesucht hatte, erinnerte sie sich an ihren Traum
nadat ze overal naar hem had gezocht, herinnerde ze zich haar droom
und sie rannte zum Kanal im Garten

en ze rende naar het kanaal in de tuin
Dort fand sie das arme Tier ausgestreckt
daar vond ze het arme beest uitgestrekt
und sie war sicher, dass sie ihn getötet hatte
en ze was er zeker van dat ze hem had vermoord
sie warf sich ohne Furcht auf ihn
ze wierp zich zonder enige angst op hem
sein Herz schlug noch
zijn hart klopte nog steeds
sie holte etwas Wasser aus dem Kanal
ze haalde wat water uit het kanaal
und sie goss das Wasser über seinen Kopf
en ze goot het water over zijn hoofd
Das Tier öffnete seine Augen und sprach mit der Schönheit
het beest opende zijn ogen en sprak tot schoonheid
„Du hast dein Versprechen vergessen"
"Je bent je belofte vergeten"
„Es hat mir das Herz gebrochen, dich verloren zu haben"
"Ik was zo verdrietig dat ik je kwijt was"
„Ich beschloss, zu hungern"
"Ik besloot mezelf uit te hongeren"
„aber ich habe das Glück, Sie wiederzusehen"
"maar ik heb het geluk je nog een keer te zien"
„so habe ich das Vergnügen, zufrieden zu sterben"
"dus heb ik het genoegen om tevreden te sterven"
„Nein, liebes Tier", sagte die Schönheit, „du darfst nicht sterben"
"Nee, lief beest," zei de schoonheid, "je mag niet sterven"
„Lebe, um mein Ehemann zu sein"
"Leef om mijn man te zijn"
„Von diesem Augenblick an reiche ich dir meine Hand"
"vanaf dit moment geef ik je mijn hand"
„und ich schwöre, niemand anderes als Dein zu sein"
"en ik zweer dat ik niemand anders ben dan de jouwe"
„Ach! Ich dachte, ich hätte nur Freundschaft für dich."
"Helaas! Ik dacht dat ik alleen een vriendschap voor je had"

"aber der Kummer, den ich jetzt fühle, überzeugt mich;"
"maar het verdriet dat ik nu voel overtuigt mij;"
„Ich kann nicht ohne dich leben"
"Ik kan niet zonder jou leven"
Schönheit hatte diese Worte kaum gesagt, als sie ein Licht sah
schoonheid had nauwelijks deze woorden gezegd toen ze een licht zag
der Palast funkelte im Licht
het paleis schitterde van het licht
Feuerwerk erleuchtete den Himmel
vuurwerk verlichtte de lucht
und die Luft erfüllt mit Musik
en de lucht gevuld met muziek
alles kündigte ein großes Ereignis an
alles gaf aan dat er een grote gebeurtenis had plaatsgevonden
aber nichts konnte ihre Aufmerksamkeit fesseln
maar niets kon haar aandacht vasthouden
sie wandte sich ihrem lieben Tier zu
ze draaide zich om naar haar lieve beest
das Tier, vor dem sie vor Angst zitterte
het beest waarvoor ze beefde van angst
aber ihre Überraschung über das, was sie sah, war groß!
maar haar verbazing was groot toen ze zag!
das Tier war verschwunden
het beest was verdwenen
stattdessen sah sie den schönsten Prinzen
in plaats daarvan zag ze de mooiste prins
sie hatte den Zauber beendet
ze had een einde gemaakt aan de betovering
ein Zauber, unter dem er einem Tier ähnelte
een betovering waaronder hij op een beest leek
dieser Prinz war all ihre Aufmerksamkeit wert
Deze prins was al haar aandacht waard
aber sie konnte nicht anders und musste fragen, wo das Biest war

maar ze kon het niet laten om te vragen waar het beest was
„Du siehst ihn zu deinen Füßen", sagte der Prinz
"Je ziet hem aan je voeten," zei de prins
„Eine böse Fee hatte mich verdammt"
"Een boze fee had mij veroordeeld"
„Ich sollte diese Gestalt behalten, bis eine wunderschöne Prinzessin einwilligte, mich zu heiraten."
"Ik zou in die toestand blijven totdat een mooie prinses met mij wilde trouwen"
„Die Fee hat mein Verständnis verborgen"
"de fee verborg mijn begrip"
„Du warst der Einzige, der großzügig genug war, um von meiner guten Laune bezaubert zu sein."
"jij was de enige die genereus genoeg was om gecharmeerd te zijn van de goedheid van mijn humeur"
Schönheit war angenehm überrascht
schoonheid was blij verrast
und sie gab dem bezaubernden Prinzen ihre Hand
en ze gaf de charmante prins haar hand
Sie gingen zusammen ins Schloss
ze gingen samen het kasteel binnen
und die Schöne war überglücklich, ihren Vater im Schloss zu finden
en de schoonheid was dolblij haar vader in het kasteel te vinden
und ihre ganze Familie war auch da
en haar hele familie was er ook
sogar die schöne Dame, die in ihrem Traum erschienen war, war da
zelfs de mooie dame die in haar droom verscheen was er
"Schönheit", sagte die Dame aus dem Traum
"schoonheid", zei de dame uit de droom
„Komm und empfange deine Belohnung"
"kom en ontvang je beloning"
„Sie haben die Tugend dem Witz oder dem Aussehen vorgezogen"

"Je hebt deugd boven verstand of uiterlijk verkozen"
„und Sie verdienen jemanden, in dem diese Eigenschaften vereint sind"
"en jij verdient iemand waarin deze kwaliteiten verenigd zijn"
„Du wirst eine großartige Königin sein"
"Je gaat een geweldige koningin worden"
„Ich hoffe, der Thron wird deine Tugend nicht schmälern"
"Ik hoop dat de troon uw deugd niet zal verminderen"
Dann wandte sich die Fee an die beiden Schwestern
toen wendde de fee zich tot de twee zussen
„Ich habe in eure Herzen geblickt"
"Ik heb in jullie harten gekeken"
„und ich kenne die ganze Bosheit, die in euren Herzen steckt"
"en ik weet hoeveel kwaad jullie harten bevatten"
„Ihr beide werdet zu Statuen"
"Jullie twee zullen standbeelden worden"
„Aber ihr werdet euren Verstand bewahren"
"maar je zult je gedachten bewaren"
„Du sollst vor den Toren des Palastes deiner Schwester stehen"
"je zult aan de poorten van het paleis van je zuster staan"
„Das Glück deiner Schwester soll deine Strafe sein"
"Het geluk van je zus zal jouw straf zijn"
„Sie werden nicht in Ihren früheren Zustand zurückkehren können"
"Je zult niet in staat zijn om terug te keren naar je vroegere toestand"
„es sei denn, Sie beide geben Ihre Fehler zu"
"tenzij jullie beiden jullie fouten toegeven"
„Aber ich sehe voraus, dass ihr immer Statuen bleiben werdet"
"maar ik voorzie dat jullie altijd standbeelden zullen blijven"
„Stolz, Zorn, Völlerei und Faulheit werden manchmal besiegt"
"trots, woede, vraatzucht en luiheid worden soms

overwonnen"
„aber die Bekehrung neidischer und böswilliger Gemüter sind Wunder"
" maar de bekering van afgunstige en kwaadaardige geesten zijn wonderen"
sofort strich die Fee mit ihrem Zauberstab
onmiddellijk sloeg de fee met haar toverstaf
und im nächsten Augenblick waren alle im Saal entrückt
en in een ogenblik werden allen die zich in de hal bevonden, weggevoerd
Sie waren in die Herrschaftsgebiete des Fürsten eingedrungen
ze waren de domeinen van de prins binnengegaan
die Untertanen des Prinzen empfingen ihn mit Freude
de onderdanen van de prins ontvingen hem met vreugde
der Priester heiratete die Schöne und das Biest
de priester trouwde met Belle en het Beest
und er lebte viele Jahre mit ihr
en hij leefde vele jaren met haar
und ihr Glück war vollkommen
en hun geluk was compleet
weil ihr Glück auf Tugend beruhte
omdat hun geluk gebaseerd was op deugd

Das Ende
Het einde

www.tranzlaty.com

www.ingramcontent.com/pod-product-compliance
Lightning Source LLC
Chambersburg PA
CBHW010611100526
44585CB00038B/2562